中医药传统文化科普系列丛书

悬壶济世的杏林圣手

北京御生堂中医药博物馆 组编　高栋 主编

首都师范大学出版社

CAPITAL NORMAL UNIVERSITY PRESS

图书在版编目（CIP）数据

悬壶济世的杏林圣手 / 北京御生堂中医药博物馆组编；高栋主编 .— 北京：
首都师范大学出版社，2023.5

（中医药传统文化科普系列丛书）

ISBN 978-7-5656-7165-4

Ⅰ . ①悬… Ⅱ . ①北… ②高… Ⅲ . ①中医师—生平事迹—中国—通俗读物
Ⅳ . ① K826.2-49

中国国家版本馆 CIP 数据核字（2023）第 027636 号

XUANHUJISHI DE XINGLIN SHENGSHOU

悬壶济世的杏林圣手

北京御生堂中医药博物馆　组编　高栋　主编

责任编辑　林　尧
策　　划　刘雅娜
绘　　图　陈　菲　韦艾玲
首都师范大学出版社出版发行
地　　址　北京西三环北路 105 号
邮　　编　100048
电　　话　68418523（总编室）　　68982468（发行部）
网　　址　http://cnupn.cnu.edu.cn
印　　刷　天津雅泽印刷有限公司
经　　销　全国新华书店
版　　次　2023 年 5 月第 1 版
印　　次　2023 年 5 月第 1 次印刷
开　　本　787mm×1092mm　1/16
印　　张　5.75
字　　数　55 千
定　　价　23.80 元

前 言 /PERFACE

中华文化有五千年的历史，祖先给我们留下了灿若星辰的优秀文化遗产。党的十八大以来，国家高度重视弘扬中华优秀传统文化，先后出台了一系列相关文件。在 2017 年 1 月 25 日，中共中央办公厅、国务院办公厅印发的《关于实施中华优秀传统文化传承发展工程的意见》中指出："实施中华优秀传统文化传承发展工程，是建设社会主义文化强国的重大战略任务，对于传承中华文脉、全面提升人民群众文化素养、维护国家文化安全、增强国家文化软实力、推进国家治理体系和治理能力现代化，具有重要意义。"党的十九大报告明确指出："坚定文化自信，推动社会主义文化繁荣兴盛。"党的二十大报告明确强调："发展社会主义先进文化，弘扬革命文化，传承中华优秀传统文化"，"增强中华文明传播力影响力"，"推进文化自信自强，铸就社会主义文化新辉煌"。

中医药文化是中华优秀传统文化天然的组成部分，从伏羲制九针到神农尝百草，还有后人所著的《黄帝内经》，充分说

1

明中医药文化，起源于中华文化的人文始祖时期。在西方医学没有传入中国的几千年中，我们的祖先就是依靠中医药强身健体、治病救人，即便在现代医学发达的今天，中医药依然在中国社会中具有广泛的群众基础，甚至走向了世界。2016年2月，国务院印发的《中医药发展战略规划纲要（2016—2030年）》提出："将中医药基础知识纳入中小学传统文化、生理卫生课程"。2019年10月26日，中共中央、国务院发布的《关于促进中医药传承创新发展的意见》中明确要求："实施中医药文化传播行动，把中医药文化贯穿国民教育始终，中小学进一步丰富中医药文化教育，使中医药成为群众促进健康的文化自觉。"

为了积极响应弘扬优秀传统文化的出版主题，首都师范大学出版社联合北京御生堂中医药博物馆，共同策划编写了这套"中医药传统文化科普系列丛书"。

北京御生堂中医药博物馆是一个集中医老药铺历史文物、药械药具、医书医案和中药标本收集整理为一体的中医药博物馆，是目前北京规模较大、藏品最为丰富的中医药文化博物馆，被称为"中医药文化瑰宝"和"世界的中医药百科全书"，被国家中医药管理局授予"中医药文化宣传教育基地"称号。

北京御生堂中医药博物馆文物陈列分为七部分：清代老药铺、历代药王医圣造像、历代中医中药用具、古代中草药标本、古代中草药包装、历代医药书籍报刊、近代医方医案资料。在博物馆内，可以从上古时代的九针、砭石到宋代的黑釉大药缸，再到明清老药铺医方广告包装，感受中医的源远流长；从带有甲骨文的龙骨、汉简，给同治皇帝开的宫廷御方，到满墙的具有百年历史的老草药标本，体会这些绝世珍品显现的中医药与传统文化之间的紧密联系。其他诸如良渚文化时期的玉针、辽代用于包针筒的手帕、有着300年历史的灵芝、清代太医院按摩器、清代医用藏冰箱等，还有清代长沙老号"劳九芝堂"、有"江南药王"美誉的胡庆余堂、北京"同仁堂"的珍贵资料，以及民国时期京城"四大名医"之首施今墨等人使用过的医书、医案及清代、民国时期北京各老药铺的药目、传单和各种中医药用具……通过穿越古今的中医药器具触碰到神农、扁鹊、华佗、孙思邈、李时珍等历代杏林圣手生活的时代，一览源远流长的中华医药文化宝库的精华。

本丛书结合各方力量，编写前期充分调研，组织专家论证，广泛听取教育界、中医药界、文化界相关专家、学者意见，再基于北京御生堂中医药博物馆馆藏的实物和史料进行筛选、考证、梳理、加工，力求打造出一套既严谨又有趣、既系统又形象并且符合中医药文化走进校园基本要求和中小学教学实际需要的精品中医药文化课外读本。

本丛书有以下三个特点。一是定位准确。丛书内容定位于中医药文化，中医药文化不是医学专业知识，而是几千年来我们祖先围绕着中医药而产生的思想、风俗、传统，还有无数流传至今的故事、传说及文学作品，比如很多学生都知道"洛阳纸贵"这个成语，也有很多人知道成语中的主人翁是皇甫谧，但是很少有人知道皇甫谧是中医针灸学的开创者，在中医药的历史中占有重要的地位。二是体系完整、脉络清晰。中医药文化很抽象，包含着深刻的哲学思想，但是对于中小学读者来说，这些内容会略显枯燥且难以理解，更因为涉及的内容太过广泛，容易显得杂乱无章，无从下手。本丛书就从中医药器物、中医药人物和中医药材及治疗方法三方面着手，形成了《穿越古今的中医器具》《悬壶济世的杏林圣手》《源远流长的中药文化》三册图书，内容既涵盖了中医药文化的主要方面，又舍弃掉抽象深奥的哲学思想，同时三册图书各自又有着清晰的脉络，而且配有大量的实物照片和插图，图文并茂，阅读起来生动有趣。三是相关内容不仅有大量实物支持，而且每个知识点都包含了与之相关的故事、典故、成语或诗词。在阅读过程中读者经常会有醍醐灌顶、融会贯通的感觉，原来耳熟能详的某个成语或者故事与中医药文化有着千丝万缕的关系呀！

在本书的策划与编写过程中，得到了各位领导、学者们的大力支持，特此感谢。同时，感谢北京御生堂中医药博物馆提供的专业支持和藏品图片。我们秉持着严谨、敬畏的初心及质量至上的精品意识，但是仍难免有不足之处，敬请广大读者提出宝贵意见和建议，以便今后修订和提高。

目 录 /CONTENTS

第一章 上古名医

中药始祖神农

神农是上古时期一位著名的部落首领,他还有一个名字叫"炎帝"。炎帝与黄帝并称为"炎黄",是中华民族的人文始祖。传说神农长着牛头、人身,力大无穷,他发明了农具,还教百姓开垦农田、种植粮食、制造陶器和炊具,同时,他还是农业和医药的发明者。

相传神农生活在新石器时代,所在的部落在今陕西宝鸡姜水一带,最初定都在陈地,然后又迁移到山东曲阜,后来神农的部落和黄帝的部落结盟,共同击败了蚩尤部落。

清代神农画像

在中国传统文化中,神农是中药的始祖,神农尝百草的传说流传至今。当时的人们都是吃生肉、饮生水,因此经常有人生病或者中毒,为了帮助百姓辨别食物、消除病痛,神农亲自尝遍世间百草,寻找能食用的植物和治病的药物。

有一次，在他尝了某种草药之后，便感觉口干舌麻、头晕目眩，这些都是中毒的反应，于是他就找了一个地方停下来休息，结果正好躺在一颗茶树下，树叶鲜嫩翠绿，还散发着微微的清香。神农顺手从树上摘了几片叶子塞进嘴里，顿时一股清鲜的气味在嘴里弥漫开来，他慢慢地咀嚼，然后惊奇地发现，这树叶的味道苦涩中带着甘甜，更让他没想到的是，中毒的症状也逐渐消失了。于是他意识到这种树叶可以解毒，以后外出寻找草药时神农都会随身携带这种茶树叶子当作解药，这就是传说中茶叶被发现的过程，也是史书中讲的"神农尝百草，日遇七十毒，得茶而解之"的故事。

还有一次，他发现了一种从没见过的植物，谁知刚放到嘴里，霎时感觉天旋地转，一头栽倒下来。同行的人慌忙把他扶起来，他明白自己中毒了，可是已经无法开口说话，只好用最后一点力气，指着面前一棵灵芝草，又指指自己的嘴巴。同伴们慌忙把那棵灵芝放进他的嘴里，神农吃了灵芝后毒逐渐解了。从此，人们认识了灵芝。后来，神农误食了含有剧毒的"断肠草"，因为救治不及时，最终中毒而亡。

明代神农木雕像

这一传说更加突显了神农尝百草的艰辛和伟大的献身精神。正因为神农对医药和农业的重要贡献，他被世人尊称为药王、五谷王、五谷先帝、神农大帝等，成为传说中掌管医药及农业的神祇，也被医馆、药行视为守护神。

中医的开创者黄帝与岐伯

黄帝坐像

　　黄帝也是中国上古时期的一位部落首领，是华夏文明早期的代表性人物。他以其文治武功统一了当时的各个氏族部落，成为中华民族最早的领袖之一，开启了中华民族灿烂文化的先河，因此，黄帝也被尊为中华民族的人文始祖之一，是中国古代文明的象征。

相传黄帝常与岐伯、雷公等臣子坐而论道，探讨医学问题，对疾病的病因、诊断以及治疗等设问作答，并将这些设问作答编纂成书，形成了中医学最伟大的经典著作《黄帝内经》。这部经典著作奠定了中医医学的基础理论，并沿用至今，后人称为岐黄之术。出于对黄帝、岐伯的尊崇，后世将岐黄之术指代中医，"岐黄"也被视为中医的开创者。

岐伯是我国上古时期最著名的医生，由于年代过于久远，关于他的籍贯有不同的说法，一般认为，岐伯是岐山（今陕西省岐山县）人。岐伯从小善于思考、志向远大，喜欢观察日月星辰、四季寒暑、山川草木等自然现象，还懂音乐，会做乐器，多才多艺，才智过人。后来见许多百姓死于疾病，便立志学医，四处寻访良师益友，精于医术脉理，最终成为一代名医。

中医学奠基人扁鹊

在我国医学史中，记载有两个不同时代的"扁鹊"：一个是黄帝时期的扁鹊，另一个是战国时期的扁鹊。

黄帝时期，黄帝和他的属臣发明了文字、乐律、舟车、医药等，其中掌管医药的臣子叫扁鹊。但由于历史久远，有关黄帝时期扁鹊的传说大多都没有保存下来，我们只能从史籍中看到一些零星的记载。

现在人们所说的扁鹊，大多是指战国时期一位著名的医学家，本名秦越人，又号卢医。由于他的医术高超，当时的人们就借用黄帝时的神医"扁鹊"的名号来称呼他。

扁鹊是战国时期勃海郡（今河北沧州）人，年轻时开过旅店。当时一

扁鹊画像

位长住旅店的旅客长桑君是位医术渊博的医生，得知此人后，扁鹊拜其为师，开始学习他的医术和秘方，加之扁鹊天生聪明，得到传授后又苦心专研古人的医术，最终成为一代名医。

扁鹊在中医学上最大的成就是发明了切脉诊疗的方法。据说在他之前，医生看病仅凭观察病人的面色、声音等作为诊断依据，比如以有没有呼吸判断病人的生死状态，这种方式经常产生误诊。当运用了扁鹊的切脉法之后，诊断有了很大的进步。

史书中记载了扁鹊通过切脉为晋国大夫赵简子治病的事。

晋国的大夫赵简子病了，连续五天五夜不省人事，扁鹊前去诊治，通过切脉发现脉象正常，便说："不要紧，两三天就好。"众人不相信，结果两天半后赵简子果然苏醒了。

扁鹊还是有记载以来第一个用针灸治病的医生。

一次扁鹊到了虢国，听说虢国太子半天前刚因重病去世，但还没有入殓。于是扁鹊前去察看，发现太子的呼吸虽然难以察觉但尚有微弱的脉搏，大腿内侧还有一点温热，他认为太子其实是得了"尸厥"（一种突然昏迷的病）。扁鹊立刻命弟子一同急救，他先用银针刺太子三阳五会等穴位，然后又用砭石加热后敷在太子的两腋下，不久后太子逐渐恢复知觉，慢慢苏醒了过来。扁鹊又开了几剂药方，命人熬制后让太子服用，这样调养了数日后，太子竟然痊愈了。这件事传出后，人们都说扁鹊有起死回生的绝技，但是扁鹊却谦虚地说，其实自己并不能起死回生，只是能诊断出病人的病症并及时救治而已。

扁鹊一家三兄弟都是医生，在他看来，能治"未病"的医生是最好的中医。

魏文王曾问扁鹊："你家三兄弟，谁的医术最好呢？"他回答："大哥最好，二哥次之，我是三人中最差的。"魏文王不解，扁鹊解释说："大哥治病，是在病发作之前，此时病人不觉得自己生病了，大哥直接下药铲除了病根，这就导致了他的医术很难被人认可，所以没有名气；二哥治病，是在病初起时，病人症状还不十分明显，甚至没有觉得痛苦，二哥直接药到病除，所以这就使得人们普遍认为二哥治小病很灵；我治病，是在病人的病情十分严重且已经非常痛苦的时候，人们会看到我在经脉上穿刺，用针放血，在患处敷药，甚至动手术，以此使病人的病情得到缓解或治愈，因为这样我才名扬天下。"可见扁鹊不仅为人谦逊，医术还十分高超。

　　还有一个扁鹊见齐桓公的故事。

　　扁鹊来到齐国，齐桓公设宴款待他，见到齐桓公后，扁鹊发现此时他已染病，但很轻微，于是便对齐桓公说："君王有病，今在肌肤之间，不治会加重的。"齐桓公当时没有什么不舒服，回话说"我没病"；数天后，扁鹊再去见齐桓公，告诉他病已经到了血脉，若不尽快医治，以后就难治了，齐桓公仍不相信，认为这是医生骗取名利的手段。就这样每次扁鹊提醒齐桓公，他都置之不理。最后一次扁鹊见他时，发现病已到了骨髓，此时已经无药可救了。果然不久后，齐桓公身体出现了不适，病发而死。

　　扁鹊的医术涵盖各科，十分全面，他听说河北邯郸妇女生病较多，便到那里做了妇科医生；他在洛阳看到很多生病的老人，就在当地做起了专治老年病的医生；秦国儿童较多，他就又到那里做了儿科大夫。扁鹊因医术精湛而闻名天下，却不知已经遭到了秦国太医令李醯（xī）的嫉妒，当他到秦国行医的时候，李醯担心扁鹊会代替他的职位，于是便派人刺杀了扁鹊。

　　扁鹊用一生的时间，认真总结前人的经验，结合自己的医疗实践，在诊断、病理、治法上对中医学做出了卓越的贡献。因此，医学界历来把扁鹊尊为我国古代医学的祖师，尊称他为"中国的医圣""古代医学的奠基者"。据史书记载，扁鹊曾写就《扁鹊内经》和《扁鹊外经》等著作，但均已佚失，而《难经》据考证是后来人假借扁鹊的名义所写，也已失传。现在还能看到的是清代《图注八十一难经辨真》，这也可以理解成对扁鹊的一种敬仰和缅怀吧。

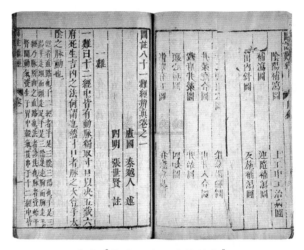

清代《图注八十一难经辨真》

第二章　汉晋时期名医

病历的发明人淳于意

　　淳于意，复姓淳于，名意，山东临淄（今山东淄博）人，出生于距今2200多年前。淳于意曾经做过齐国太仓令，就是齐国粮食仓库的长官，因此后人也称他为仓公。

　　淳于意从小就喜欢医学，先是跟随公孙光学医，公孙光见他聪明好学，就把自己毕生所学的医术和珍藏的药方都传授给了他，后来又把他推荐给临淄名医公乘阳庆。当时，公乘阳庆已经八十多岁了，年事已高，虽然医术高明，但却很少行医，也不收徒弟了。淳于意凭借锲而不舍和勤奋刻苦的精神，打动了公乘阳庆，于是公乘阳庆便将黄帝和扁鹊的脉书以及药剂理论全部教给了淳于意。

　　淳于意最大的贡献是开创了记录病历的先河。今天我们去医院看病，医生会为每个病人建立一个记录病情的档案，这种方法就起源于淳于意。因为他医术高明，越来越多的病人慕名前来看病，在这个过

淳于意画像

程中，随着病人的病情、治疗的过程等信息越来越多，还有许多曾经的病人再次患病又来找他，他却记不清以前的诊断和药方了，这让淳于意开始意识到如果没有记录而光靠记忆是不行的。于是，他想到了一个办法——把病人的姓名、住址、病症、药方、诊疗日期等详细记录下来，这样每个病人的信息就一清二楚。经过一段时间的实践，淳于意发现这样做效果非常好，后来医生们争相仿效，并把这种专门记录病人病史信息的记录本称为"病历"。病历的出现，不仅方便医生掌握病人的信息，对症施药，而且对于后期遇到同样病症的病人，还可以作为治疗方案的参考，起到了非常重要的作用。在现代社会中病历更是医生看病的必备文档。

关于淳于意还有一个令人感动的故事：

汉文帝时期，有人上书告发淳于意。按照刑法应当将他押送到长安去受刑。淳于意的小女儿缇萦毅然跟随父亲去了长安，面见文帝，替父亲申冤。她上书写道："我的父亲担任官吏，当地的人都说他清廉公平，现在他犯了罪，按法律应判处肉刑。但是让我悲痛的是，死人不能复生，受刑者残肢不能再接，即使以后想改过自新，也没有办法了。我愿意入官府做婢，以抵赎我父亲该受的刑罚，使他改过自新。"文帝被缇萦的孝心感动，同时也觉得她言之有理，于是同年就下令废除肉刑，而以一定年限的刑期代替。

缇萦救父

　　在淳于意获释之后，他曾多次得到文帝的召见和问询。淳于意详细陈述了自己的学医经过及为人治病的过程，并将陈述内容中那些自己遇到的典型病例整理成册，后世称之为"诊籍"。这是中国有文献记载的最早医案记录，比西方病历的创立还早数百年。在这些诊籍中，淳于意介绍了25个病例，记载了患者姓名、职业、疾病症状、脉象、诊断、治疗方式等情况，从中反映了淳于意高超的医术。

　　在诊籍中，淳于意不仅记录了自己的成功病例，也承认有诊断错误的地方。在应对汉文帝的询问时，淳于意甚至坦率地回答："我不是一个诊断完全正确的医生。"他在诊籍中还真实地报告了治疗效果，比如其中 25 例患者有 10 例因医治无效死亡，这种对病历认真、忠实的记载态度，对后世医家重视医案记录有深远的影响。

外科鼻祖华佗

华佗（约 145—208 年），名旉（fū），字元化，沛国谯县（今安徽亳州）人，东汉末年著名的医学家。

华佗一生在各地行医，足迹遍及安徽、山东、河南、江苏等地，声誉颇著。他在医学上有多方面的成就，尤其擅长外科，最著名的是发明了麻醉用的"麻沸散"以及强身健体的"五禽戏"。此外，他还精通内科、妇科、儿科、针灸等，后因故被曹操所杀，所著医书已佚失。

华佗画像

在麻醉剂还未运用在外科手

术之前，某些具有麻醉性能的药材并不是用来治病救人的。华佗走访了许多医生，收集了各种有麻醉作用的药材，经过多次试验，终于制成了麻醉药，并给它起名——麻沸散。他观察到当人们醉酒时大都会昏睡，叫喊、拍打都很难被叫醒，于是华佗便想到把麻醉药和热酒配制在一起让病人服用，等病人失去知觉后，医生再动手术。麻沸散的使用让病人手术时感觉不到痛苦，也不会因为剧痛而挣扎乱动影响手术效果，大大提高了手术的成功率，也扩大了手术治疗的范围。华佗首创用全身麻醉法施行外科手术，因此被后世尊称为"外科鼻祖"。但因其著述没有流传下来，所以至今麻沸散的配方一直是个谜。华佗在外科手术中所使用的麻沸散是世界上最早的麻醉剂。采用酒服麻沸散施行腹部手术，更是开创了全身麻醉的先例。这种全身麻醉手术，在中国医学史上是空前的，在世界医学史上也是罕见的创举。

华佗还是中国古代医疗体育的创始人之一。他不仅善于治病，还特别提倡养生。华佗继承和发展了前人"圣人不治已病，治未病"的预防理论，为年老体弱者编排了一套模仿虎、鹿、熊、猿、鸟共五种禽兽姿态的健身操——"五禽戏"，这套动作不仅可以用来防治疾病，同时也能锻炼身体，据说他的学生吴普经常用这种方法锻炼，到九十多岁时，听力和视力依然很好，牙齿也完整牢固。

传说华佗在民间各地行医时接到了曹操的命令，原来曹操得了一种头疼病，一直医治不好，于是就召见华佗来为自己治病。华佗看过之后对曹操说，这种病在短期之内很难治好，即便是长期治疗也只能延长寿命，曹操以为华佗故弄玄虚，心中很不高兴，于是华佗提出可以通过开颅手术来根治这种病。在古代用斧头把病人的脑袋劈开的手术闻所未闻，曹操认为华佗是想趁机害他，于是就把华佗抓起来送进监狱，而华佗最终死在了狱中。华佗临死前，拿出一卷医书对狱吏说："这书可以用来救人，希望它能保存下来，为后人所用。"但是这个狱吏因为害怕不敢接受，华佗只好忍痛一把火把书烧掉了，因此华佗至死也没留下任何著作。

医圣张仲景

张仲景画像

张仲景，名机，字仲景，河南南阳郡涅阳（今河南南阳）人，东汉末年医学家，被后世尊为"医圣"，至今在南阳当地还有医圣祠。他所著《伤寒杂病论》是中国医学史上影响最大的著作之一。

张仲景生活的东汉末年，是中国历史上一个极为动荡的时代。当时社会人心涣散，朝政不安，农民起义此起彼伏，兵祸绵延，黎民百姓饱受战乱之苦，加上疫病流行，很多人死于非命，尸横遍野，整个社会可谓是生灵涂炭，其中尤以东汉灵帝（168—189年）时期的几次瘟疫流行规模最大。张仲景的家乡南阳地区当时也接连受到影响，许多人因此丧生。原本人丁兴旺的家族，自从瘟疫流行以来，不到十年，就导致了三分之二的族人染病身亡。面对瘟疫的肆虐，官府自顾不暇，哪还顾得上百姓死活。张仲景内心十分悲愤，他一方面痛恨统治者的腐败无能，另一方面痛下决心，立志学医消灭这些幽灵一样的瘟疫，救百姓于水火之中。于是他就拜同郡医生张伯祖为师学习医术。张伯祖是一位有名的医生，他性格沉稳，生活简朴，每次给病人看病都十分认真。经他治疗过的病人，十有八九都能痊愈，因此很受百姓尊重。张仲景学医时非常用心，无论是外出诊病、抄方抓药，还是上山采药、回家炮制，从不怕累怕苦。张伯祖非常喜欢这个学生，便把自己毕生行医积累的丰富经验，毫无保留地传给了他。

何颙是张仲景的同乡，他评价张仲景才思过人，善思好学，聪明稳重，但是不宜做官，只要专心学医，将来一定能成为有名的医家。何颙的话更加坚定了张仲景学医的信心，他一面博览群书，广泛搜集古今医方，甚至对民间经常使用的针刺、灸烙、温熨、人工呼吸等多种具体治法逐一研究；一面游历各地行医治病，因为亲眼目睹了各种流行疫病对百姓造成的严重后果，所以他决心将自己多年对伤寒症的研究付诸实践，进一步丰富自己的经验，充实和提高理论知识。经过数十年的努力，张仲景终于写成了不朽之作《伤寒杂病论》。这是继《黄帝内经》之后，又一部影响巨大的医学经典，可惜的是《伤寒杂病论》现已失传，目前存世的是王叔和根据自己搜寻到《伤寒杂病论》

的伤寒部分的佚文整理而成的《伤寒论》，以及宋代王洙、林亿、孙奇等人将杂病部分整理成的《金匮要略》。

后来张仲景做了长沙太守。在他退休那年冬天，天气特别寒冷，张仲景看到很多无家可归的人面黄肌瘦，衣不遮体，很多人的耳朵都被冻烂了。张仲景心里挂念着那些快要被冻死的人，于是他研制了一个可以御寒的食疗方子，把一些祛寒的药物和羊肉放在锅里煮熟，切碎后做馅儿，然后用面皮包起来再下锅煮。由于形状像耳朵，功效又是为了防止严寒中人们冻烂耳朵，所以张仲景给它取名为"祛寒娇耳汤"，"娇耳"就是饺子。

他让徒弟在南阳东关的一个空地搭了个棚子，支上大锅开始制作祛寒娇耳汤，免费送给那些穷人。开张的那天恰逢冬至，张仲景让徒弟给每人盛一碗汤和两个"娇耳"，人们吃了"娇耳"，喝了汤，浑身发暖，两耳生热。后来张仲景驾鹤西去，寿终的那天正好也是冬至。为了纪念他，从此大家在冬至这天都要包一顿饺子，并且认为"吃了冬至饺，耳朵冻不掉"。现在祛寒娇耳汤很少有人吃了，但在冬至这天吃饺子的习俗却流传了下来。如今饺子的种类和形状也有了很大改进，饺子也成了阖家团圆的代表食物。

在张仲景出任长沙太守期间，时值瘟疫流行，许多穷苦百姓慕名前去求医。在封建时代，做官的要有官架子，不能随便到老百姓家里走动，更不能随便和老百姓接触，这可急坏了视医为命的张太守。从张仲景做官那天起，他就想怎样继续为百姓治病，后来他终于想出了一个好办法，在每月升堂的初一和十五这两天，但凡开堂办理完公事后，就大开府衙大门，不问政事，专门让老百姓前来看病。按照当时的官制，升堂办理完官事后便可接待上访的百姓，利用这个机会为百姓诊病，既不丢官架子，又能发挥他的医术，真是一举两得。由于张仲景医术高明，待人又和气，前来看病的人越来越多。每到初一、十五这两天，这位张太守断完公案，不换衣服，穿着太守的官服，堂堂正正坐在衙门的大堂上为百姓开方看病，治好了许多有疑难杂症的病人。从此以后"坐堂"就成为医生看病的代名词，药店也被称为"某某堂"，比如现在大家耳熟能详的同仁堂、九芝堂等。

脉学第一人王叔和

王叔和，名熙，大约出生在公元210年，他是魏晋时期著名的医学家，曾担任当时魏国掌管国家医药的最高职位——太医令。他的主要贡献一是整理了张仲景的《伤寒杂病论》，在保存和整理古代医学典籍方面有很大的功绩；二是写就《脉经》这部医学著作。

王叔和小时候家境贫寒，经常缺

王叔和画像

衣少穿、食不果腹。残酷的生活环境却培养了他勤奋好学、谦虚稳重的性格。当时战事频繁、时局动荡，为了躲避战乱，年少的王叔和跟随同族的长辈迁移到荆州。此时正是张仲景行医生涯的鼎盛时期，王叔和与张仲景的徒弟是朋友，经常听到张仲景行医的故事，对他的医术非常仰慕，加上一路看到各地瘟疫流行，老百姓缺医少药，生活非常艰苦，于是他就下定决心学习医术，治病救人。他酷爱阅读医书，对很多古代医学典籍都了如指掌，在张仲景的教导下，日渐学会了诊脉治病。在开始行医的时候，因为家境贫穷、衣衫破旧，他常常被人们瞧不起，但随着治愈的病人越来越多，他慢慢地也变得小有名气。后来王叔和被推荐为魏国军队的随军医生，然后又在王府和皇室中担任御医，32 岁出任太医令。作为太医令的王叔和有更多的机会接触皇室收藏的医学经典著作，虽然此时距离张仲景写完《伤寒杂病论》不过几十年，但因当时书写在竹简或者木简上的文字内容已经散落不全，王叔和深知这部医学著作的价值，于是他广泛搜集散本，又加以整理、编撰、校订、补充，由于原著佚失部分过多，只找到了伤寒部分的内容，所以最终修订为《伤寒论》。

直到几百年后，人们偶然发现了一本已经被虫蛀过的小册子，经认定是摘抄版的《伤寒杂病论》，虽然内容不完整，但是有一部分是杂病论的内容，这部分经整理后取名为《金匮要略》。时至今日，我们看到的《伤寒杂病论》，分编为《伤寒论》和《金匮要略》两部，原书至今没有找到。

切脉是中医诊断的重要方法之一，"望、闻、问、切"被称为四诊，切指的是切脉。脉学发源很早，《黄帝内经》就有记载，扁鹊、

华佗、张仲景等名医
都对脉学有深入的研
究，他们经常使用其
中的方法进行诊断，
但是却没有一本著作
系统总结脉学。王叔
和经过几十年的潜心
研究，在吸收了扁鹊、
仓公、华佗、张仲景
等前辈的脉学理论的

清代《图注难经脉诀全集》与《王叔和脉诀》

基础上，结合自己长期行医经验，终于写成了我国第一部系统完整的
脉学专著——《脉经》。这本书不仅奠定了中医脉学诊断的基础，也
对世界医学的发展有重要影响。阿拉伯医学经典著作《医典》中关于
脉学的论述很多就参考了《脉经》，波斯医学著作中也包含脉学的内
容，有的甚至提到了王叔和的名字。

针灸鼻祖皇甫谧

皇甫谧，幼名静，字士安，生于东汉建安二十年（215 年），卒于西晋太康三年（282 年），安定朝那（今甘肃灵台县朝那镇）人，被誉为"针灸鼻祖"。其著作《针灸甲乙经》是我国第一部针灸学专著，在中医药和针灸学史上具有很高的学术地位。

皇甫谧画像

皇甫谧祖上是东汉名门望族，但是到了他父亲这代便家道中落。皇甫谧出生后母亲就去世了，家里的生活更加困难，于是年幼时就被过继给了叔父，并迁居到了河南。叔父、叔母非常疼爱他，但是皇甫谧却十分贪玩，无心读书。到了十七岁，长得人高马大，还整天调皮捣蛋、东游西荡。叔母见他不学无术，恨铁不成钢，心里非常气愤。有一天贪玩的皇甫谧回家后，把一些不知道从哪里弄来的瓜果送给了叔母，叔母看到后丝毫不觉得高兴，还流着泪对他说："你都快二十岁了，整天只知道到处游玩，不仅不把精力用到读书上，还一点志向都没有。当年孟子的母亲为了教导孟子专心读书，搬了三次家，你现在这样，怪我没有好好教育你。用功学习，并不是为我学的，将来有了知识和能力才是你自己的本事。"皇甫谧听完这番话后惭愧不已，从此悔过自新，开始刻苦读书。皇甫谧不敢再有丝毫懈怠，开始发奋学习，即使是在劳动时，也不忘带着书抽空阅读。20年间他沉心静气地阅尽百家之说，学识逐渐渊博，特别是在文学方面有了很高的成就。由于他勤于治学又天资聪慧，成为当地有名的学者。

太康元年（280年），西晋消灭了吴国和蜀国，统一了天下，设洛阳为首都。当时的文学家左思历经十年撰写的《三都赋》（也称《都城赋》）在此时流传开来。皇甫谧读后赞不绝口，并提笔为《三都赋》写了一篇序文。左思看到皇甫谧的序文后赞赏有佳，并将正文配上皇甫谧的序文出版，一时间成为洛阳城里炙手可热的文学作品，文人墨客更是争相购买纸张传抄这部作品，"洛阳纸贵"一词便由此而来。

皇甫谧因此一举成名，地方官吏将他读书的事迹上报给了朝廷，皇上十分敬佩他的品格和学识，下诏请他到宫中做官，但被皇甫谧拒绝了。

皇甫谧先后编著了《帝王世纪》《孔乐》《圣真》等书籍。人们依据皇甫谧所著的《帝王世纪》，对"三皇五帝"世系进行排列，坐落在北京白塔寺东面的"历代帝王庙"，大殿正中至今供奉着"三皇"和"五帝"的牌位，这不仅昭示着中华民族历史的开端，也肯定了皇甫谧做出的又一巨大学术贡献。皇甫谧的《帝王世纪》第一次对黄帝以前的帝王世系进行了排列，包括伏羲女娲共十五世、炎帝神农共八世、黄帝轩辕共三世。据记载，司马迁的《史记》中只将黄帝作为上古历史的开端，对黄帝以前的帝王世系未进行研究，皇甫谧是第一个对黄帝以前的帝王世系进行开拓性研究的学者。

皇甫谧在文学和史学上取得了很大成就的同时，在医学上也有重大成就，后世称其为"针灸鼻祖"。皇甫谧40多岁时突发中风导致半身不遂，但他仍手不释卷。即便身体疼痛难耐也不肯休息，家人对此很不理解，但他却以孔子的话"朝闻道夕死可矣"安慰家人，意思是，如果早上明白了一个道理，即便晚上死去，也是值得的。与此同时，皇甫谧开始钻研医术并对针灸产生了兴趣，他阅读了大量医学著作，并在自己身上做针灸练习，就这样

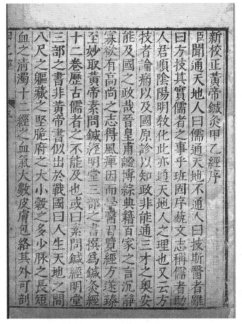

明代《针灸甲乙经》

反复试验，竟然治好了自己的半身不遂。从此他更加努力钻研针灸技术，他发现很多古籍因战乱佚失散乱不全，仅存的古籍内容又深奥难懂，于是他结合自身的治疗经验，把书中内容进行精练整理，还收录了前人未收录的人体腧穴，最后于公元256年（三国时期）著成了《针灸甲乙经》。

《针灸甲乙经》由《素问》、《针经》（《灵枢》）、《明堂孔

穴针灸治要》三部古医书合编而成，总共 12 卷，按天干"甲乙丙丁戊己庚辛壬癸"区分卷次，简称《甲乙经》。书中明确了人体各个腧穴的部位、所归经络，总共记载了全身 349 个穴位名，并汇集了上百种病症的针灸治疗方法，是我国现存最早的针灸学专著。

古代急救专家葛洪

葛洪这个名字如今能被普通老百姓所熟知离不开一个人，她叫屠呦呦。屠呦呦因为发现了治疗疟疾的特效药"青蒿素"而被授予 2015 年诺贝尔生理学或医学奖，获得了全世界的广泛关注，但很少有人知道，其实在很早之前古人就已经发现了青蒿素的治病效用，而启发屠呦呦最终成功地研发出"青蒿素"的就是距今两千多年前葛洪所写的《肘后备急方》。

葛洪画像

葛洪（283—363 年），字稚川，自号抱朴子，丹阳郡句容（今江苏句容市）人，东晋医药学家、道教理论家和著名炼丹家。葛洪13岁时父亲去世，家境渐贫，曾一度穷困到以野菜为食的地步，但是葛洪依然没有放弃读书，他用砍柴换来的微薄收入，买回来纸和笔，在劳动之余抄书学习常至深夜，因此被称为抱朴之士。意思是他朴素平实，从不受外界物质的影响，后来他就以"抱朴子"为号。葛洪性格内向，不善交流，但他勤勉善学，涉猎广泛，逐渐成为一个学识渊博的人。

葛洪在医学方面著述很多，其中有代表性的是《肘后备急方》一书，"肘后"指的就是胳膊肘后面，因此书名的意思是方便随身携带、随时查阅的一本应急医书，这是中国第一部临床急救手册。书中收集了大量急救用的方子，都是他在行医、游历的过程中收集和筛选出来的。他还特地挑选了一些比较容易获得且价格便宜的药物，非常适合百姓日常使用。葛洪在《肘后备急方》中记述了一种叫"尸注"的病，就是现在所说的结核病。结核病菌会使人的多个器官致病，从而引发肺结核、脑膜结核、骨关节结核、肠腹膜结核等疾病。葛洪是世界上最早观察和记载结核病的科学家。

葛洪还是世界医学历史上最早记载天花的人。《肘后备急方》里记载，有一年发生了一种奇怪的流行病，病人浑身起疱疮，起初是些小红点，不久变成白色脓疱，极易碰破，如不治疗，疱疮会边长边溃烂。患者还伴有高烧，十人九不治，就算侥幸治好了，皮肤上也会留下一个个小瘢，小瘢初起发黑，一年后才变得和皮肤一样颜色。葛洪描写的这种奇怪的流行病，正是后来所说的天花。西方的医学家们都认为最早记载天花的是阿拉伯医生雷撒斯，其实葛洪记载天花病比雷撒斯早了 500 多年。

　　葛洪对狂犬病采取的预防措施，可以称得上是免疫学的先驱。欧洲的免疫学是从法国科学家巴斯德开始的，他用人工的方法使家兔患上狂犬病，再把病兔的脑髓取出制成针剂，用来预防和治疗狂犬病，其原理与葛洪采取的做法基本相似，但巴斯德防治和治疗狂犬病的方法却比葛洪晚了 1000 多年。

　　葛洪的贡献不止《肘后备急方》，他在道学、化学、哲学、天文、文学等方面都有很大成就。

清代葛洪炼丹图瓷罐

葛洪最大的兴趣是炼丹。葛洪在炼丹的过程中，就发现了很多化学现象。我们现在看到的中国第一部记载火药配方的书，约成书于八九世纪，而出生于 283 年的葛洪就已经在他的《抱朴子·仙药》中提到了"火药"，其配方原料中就有硫黄和硝石，这为火药的发明奠定了基础。他还发明了"金液方"，金液方就是能使黄金及其他金属物质溶化成"水"并生成另一种新的物质的方法。在《抱朴子》一书中介绍有合炼黄金、白银的几种方法，葛洪至今被一些与金银有关的行业奉为祖师，比如苏州刺绣的金线业尊称葛洪为葛仙，奉其为"金线祖师""圆金祖师"。

除此之外，葛洪还是中国制盐业的"祖师爷"，明清时期河南一带盐池就把葛洪奉为盐神，称葛洪为盐仙，在盐场悬挂葛仙像。

清代《海盐图》

隐居的宰相医家陶弘景

陶弘景（456—536 年），字通明，号华阳居士，丹阳秣陵（今江苏南京）人，是南朝齐、梁时的医药学家。

陶弘景小时候非常聪明而且勤勉好学，被称为神童，17 岁的时候因为学识广博已经声名在外，20岁时被皇帝封为诸王侍读，后来因厌倦仕途，辞官隐居山林。虽然陶弘景不在庙堂，但是并没有影响皇帝对他的信任，但凡有重大事件，必然会请教陶弘景的意见，平时也保持着频繁的书信往来，因此被人称为"山中宰相"。后来梁武帝萧衍登基后想要召陶弘景入朝为官，于是命人去请，陶弘景画了一副《双牛图》作为

陶弘景画像

答复。这幅画中有两头牛，一头牛在河边草地吃草，悠然自得；另一头牛却带着金笼头，虽然看起来显贵，但是后面有个人拿着鞭子在赶着这头牛拉车。梁武帝看到后明白了陶弘景归隐的决心，从此不再勉强他出山了。

陶弘景是我国中医药学发展史上的早期代表性人物之一，最大的成就是编撰了《本草经集注》这部药学著作。他生活的南北朝是中国历史上社会动荡频繁的时代，在他之前，本草著作有几十部，但都是各家之言，没有统一的标准和分类，而且年代稍早的著作因为战乱，很多内容都散落各处。陶弘景决定对本草著作进行彻底的整理，他参考了大量的图籍、医方和标本，对我国最古老的药物学经典《神农本草经》中原有的药物做了整理和校订，又根据魏晋以来的本草著作整理出一部本草书籍《名医别录》，进而把两部分内容合二为一，加上

个人的心得体会取名为《本草经集注》。这部书共收录 730 种药物，首创以玉石、草木、虫、兽、果、菜、米食分类的方法沿用至今，是我国本草学发展史上的一块里程碑。

第三章

隋唐两宋时期名医

病原学创立者巢元方

巢元方（550—630 年）是隋朝的太医博士，著名的医学家。他曾经担任当时太医局的长官太医令。隋朝建立了中国历史上最早的医学教育机构"太医署"，也是世界历史上记载的最早由政府举办的医学教育机构。巢元方在公元 610 年时奉隋炀帝命令主持编撰《诸病源候论》，这部书是中国第一部科学、系统地论述各种病因、病理学的专著。

巢元方画像

《诸病源候论》奠定了巢元方在中医学历史上的地位。这部书虽然是官方组织的集体劳动成果，但是在编撰过程中，巢元方以主持者的身份全身心地投入和付出，功不可没。这本书与当时另一部著作《四海类聚方》相互配套，前者记录和论述病因病症而没有治疗方法，后者专门论述各种药方和治疗方法，二者相辅相成，形成了内容上互补的医学著作。

《诸病源候论》中记述的很多病症和观点在当时具有开创意义。比如在寄生虫病方面，他观察到血吸虫病的发病有一定的区域性，多发生在江浙一带水源充足的地方，并且当人们接触这些地方的水后容易被感染，于是他猜测水里可能有一种微小的虫子，人赤脚路过或喝下带这种虫子的水后，虫子进入人体内从而使人得病。虽然当时没有显微镜，不可能观察到这么微小的寄生虫，但如今看来，这种猜测对当时预防寄生虫病具有积极意义。除了血吸虫，这部书还记录了绦虫、蛔虫等肠道寄生虫，巢元方认为人感染绦虫病是吃了没有煮熟的牛肉，感染蛔虫病是因为喝了不干净的水，正是因为饮食中含有虫卵才会导致感染。

　　过敏是困扰现代人的一种普遍的疾病，根据书中的记载发现古代人也会过敏。比如其中关于"漆疮"的描述，巢元方观察到有些人接触到油漆后，脸上、手上、胳膊上会马上瘙痒，用手挠后就会肿起来，严重的会浑身起满像鸡蛋那么大的包，远离油漆后就会慢慢好转，而有的人接触油漆就没有这种症状，于是他认为这是不同人的体质对油漆的不同反应。从现在的医学角度解释，其实就是每个人免疫力不同，导致有些人对油漆过敏，有些人不会。这种观点涉及了免疫学的范畴，在当时看来是非常先进的。

医龙救虎的"药王"孙思邈

孙思邈被世人称为药王，京兆华原（今陕西省铜川市耀州区）人，他生活在隋唐两代。孙思邈出生在一个贫穷的农民家庭，他从小就聪明过人且勤奋好学，很受老师们的器重，但是后来身患疾病，经常请医生治疗，于是他便立志从医，从此声名鹊起。隋文帝、唐太宗、唐高宗都曾经多次给他高官厚禄，但都被他婉言谢绝。他隐居在陕西境内的秦岭太白山中，一边钻研医学著作，一边亲自采集草药、研究药物。他长期研究《黄帝内经》《伤寒杂病论》《神农本草经》等经典医书，同时广泛收集民间流传的药方，热心为人治病，积累了许多宝贵的临床经验。他从理论到实践，再由实践经验中形成新的医药学研究成果，以毕生精力撰成了两部医学著作《千金要方》和《千金翼方》。

孙思邈画像

孙思邈认为生命的价值贵于千金，而一个处方能救人于危殆，以千金来为自己的书命名极为恰当，因此他将自己的两部著作均冠以"千金"二字，分别叫《千金要方》和《千金翼方》。《千金要方》是中国唐代医学发展中具有代表性的巨著，对后世医学的发展做出了巨大贡献，具有深远的影响，同时，也为日本、朝鲜医学的发展起到了积极的推动作用。《千金要方》还是中国最早的医学百科全书，从基础理论到临床治疗的方法、用药等都有完整的记述。《千金翼方》是孙思邈的晚年著作，是对《千金要方》的全面补充，因弥补了早期巨著《千金要方》的不足，所以取名翼方，意思是像两侧的翅膀一样。唐朝建立后，孙思邈开始接受朝廷的邀请，与政府合作开展医学活动，于659年完成了世界上第一部国家药典《唐新本草》。

孙思邈历经隋唐两代，是一位知识渊博、医术精湛的医家，他以济世救人为己任，对病人具有高度的责任心和同情心，他提出"大医精诚"，要求医生对技术要精，对病人要诚。他认为："凡大医治病，必当安神定志，无欲无求，先发大慈恻隐之心，誓愿普救含灵之苦，若有疾厄来求救者，不得问其贵贱贫富，长幼妍媸，怨亲善友，华夷愚智，普同一等，皆如至亲之想，亦不得瞻前顾后，自虑吉凶，护惜身命。见彼苦恼，若己有之，深心凄怆，勿避，昼夜寒暑，饥渴疲劳，一心赴救，无作功夫形迹之心，如此可为苍生大医，反此则是含灵巨贼。"

孙思邈在中国历史上名气很大，因而有很多关于他的传说。

据传唐太宗李世民的长孙皇后身患重病、卧床不起，虽经不少太医医治，但病情一直不见好转，大臣徐茂功便将孙思邈推荐给唐太宗。随后，唐太宗便派遣使臣马不停蹄、连夜奔赴华原县，将孙思邈召进了皇宫。在封建社会，受到"男女授受不亲"的礼教束缚，医生给宫内妇女看病时，大都不能够接近身边，只能根据旁人的口述开出处方，更何况病人是皇后。但是看病就要切脉，怎么办呢？孙思邈一边仔细询问病情，一边取出一根细线，细线的一端系在皇后手腕上，另一端从帘子后面拉出来，孙思邈捏着线的一端，根据细线传递的脉搏震动给皇后切脉。他找出了病因，很快皇后的病就被治好了。见到皇后病情好转，唐太宗大喜，欲留孙思邈执掌太医院，但孙思邈不愿在朝为官，立志漂泊四方为黎民百姓舍药治病，唐太宗不好强留，于是就赐给孙思邈"冲天冠"和"赫黄袍"作为褒奖并封他为药王。因此后世就有了"悬丝诊脉"的说法，电视剧《西游记》中孙悟空为朱紫国国王看病用的就是悬丝诊脉。

早在唐朝后期，人们就在陕西耀县药王山为孙思邈立祠，此后宋、金、元、明、清各代还在全国各地修建药王庙。每年二月，人们都会在药王庙举行仪式，以此纪念和缅怀这位伟大的医药学家。在中国北方，各地都有药王庙。清代北京的药王庙就有好多处，比如东直门内的东药王庙，崇文门外东晓市的南药王庙等。药王庙里供奉着历代药王，其中就包括药王孙思邈。

民间有传说，孙思邈用药担上的铜圈撑开老虎的嘴，帮助老虎拔出了卡在喉咙里的骨头，后来行医的人们纷纷效仿孙思邈，铜圈便成了外出行医时的必备之物，叫作"虎撑"或"串铃"。过去游医走街串巷、边走边摇，虎撑逐渐成了中医行医的标志。还有传说孙思邈给

明代药王木雕塑

龙王看过病，甚至在《千金要方》中记录了看病的药方。所以后世就有了药王医龙救虎的传说，药王孙思邈的形象也就跟龙虎联系在一起。如果出现一个人旁边伴有一条龙和一只老虎的形象，十之八九是孙思邈。

孙思邈一生钻研历代医家著作，对儒家、道家、佛家的典籍无所不精，还对当时盛行的阴阳、相法、预测、卜筮、符箓等方面有所研究。他久居山林遍识药物，把医学理论与临床实践融会贯通。他成功地治愈了唐高祖的重症、唐太宗的虚痨病、汉王顽固性水肿病、唐高宗的箭伤等，在他数十年的行医生涯中，先后救治过六百余名麻风病人，治愈率虽然只有百分之十，但这在一千多年前已经是一个医学奇迹了。

古典方书作家与兽医学奠基人王焘

　　王焘（670—755 年），唐代郿县（今陕西省眉县）人。他是唐代著名的医学家。

　　王焘出身官宦世家，爷爷是唐朝初年的宰相王珪，母亲是南平公主。王焘的母亲体弱多病，而他自己从小也身体不好，总是生病，为了照顾母亲，孝顺的王焘亲自翻阅医书寻找药方，久而久之便对医学产生了浓厚的兴趣。后来他主动要求去弘文馆任职，弘文馆是当时的皇家图书馆，里面藏有大量的历代医书，他利

王焘画像

用在弘文馆工作的机会，阅读了各个朝代的医学经典著作，后来写成了《外台秘要》一书。这本书收录了不少早已散佚的医药著作及名家医方，对保存古代医方起到了很大的作用，不少医家将此书与《千金要方》相提并论。《外台秘要》不仅是给人治病的重要著作，里面还记载了很多给牲口治病的兽医方法，古代牛、马等都是耕种所需的重

要生产工具，普通人家要是有一头牛就相当于现在有辆拖拉机，牛、马生病都是大事，所以兽医对古人来说非常有用。后人称王焘为古典方书作家与兽医学奠基人。

儿科创始人钱乙

很多人知道六味地黄丸，但很少有人了解此药的创造者钱乙。钱乙，字仲阳，北宋东平郓州（今山东郓城县）人，约生于北宋仁宗至徽宗年间（约 1032—1113 年），享年 81 岁，是我国宋代著名的儿科专家。

钱乙画像

古代的医生一般都不愿意给小孩治病，因为小孩子表述不清，五脏六腑又很嫩弱，稍有不慎便会贻误病情甚至造成死亡，所以那时小孩的成活率非常低，就连宋朝皇室也不例外。宋神宗共有 28 个孩子，但有 13 个没长到成年就死了，可见当时儿童的死亡率非常高。

钱乙能够愿意为儿童治病，并成为中医儿科的奠基人，与他小时候的经历分不开。钱乙的母亲很早就去世了，父亲在他 3 岁的时候外出寻仙，把钱乙一个人留在家里，3 岁的小孩没有父母的照顾是无法独自生存的。钱乙差一点饿死在家里，后来是他姑姑一家养活了他。虽然姑姑一家对钱乙视如己出，但是小时候被亲生父亲遗弃的经历仍然深深地烙在了钱乙的心里，每当他看到生病的儿童就联想到自己的过去，从而促使他把毕生精力投入为儿童治病中。

钱乙的医术最早是跟他的姑父学的，姑父是一个乡村医生，小时候的钱乙经常跟着姑父外出治病，耳濡目染下逐渐学会了一些医术，加上姑父的悉心传授和自己不断地学习，不到 20 岁的钱乙已经在当地小有名气。

宋神宗第九个儿子仪国公赵佖得了急惊风，又称"惊厥"，表现出的症状是一边发着高烧一边浑身抽搐，情况非常危急，御医们用了各种方法都无济于事。就在大家都无计可施的时候，有一个人向神宗推荐，自己认识一个平民医生，医术高超，尤其擅长医治小儿疾病，此人就是钱乙。宋神宗一听有这样一位神医，也顾不上是不是平民医生了，于是马上派人去请。钱乙诊断过后发现御医们都被病症的表象欺骗了，开出来的药方不仅不能治病，反而加重了病情，于是他采用了张仲景《金匮要略》中的一剂药方，名叫"黄土汤"，这里的黄土并不是普通的泥土，而是一种中药的名称。小皇子服用后病情马上有所减轻，经过一段时间的治疗，逐渐痊愈了。宋神宗非常高兴，封钱乙为太医院丞（相当于现在的院长助理），赐紫衣金鱼袋，就是紫色的衣服佩戴金鱼袋，这在宋代是非常高的一种奖励。

有一天，钱乙从太医院刚回到家，就有人急匆匆地前来求医，说自己的儿子得了重病，请钱乙前去救命。原来这家儿子天生体弱多病，又得了"慢惊风"，此前经过一些庸医的医治，已经水米不进，昏迷不醒了。钱乙先是开出一些治疗"慢惊风"的药，患儿服用后逐渐好转，但是因为天生体弱还是整日精神不振、话语不多，此时钱乙开出了一剂让后世家喻户晓的著名药方"六味地黄丸"，当时叫"地黄丸"，"六味"二字是后人加上的。这个药方里一共有六味药，它们分别是熟地黄、山茱萸、山药、茯苓、丹皮和泽泻。这个药方的原型是张仲景《金匮要略》里的肾气丸，肾气丸一共有八味药，前六味便是六味地黄丸的药方。钱乙根据儿童身体的特点，去掉了里面的附子和肉桂这两味药，把剩下的六味药合成一个药方，取名为地黄丸，这就是六味地黄丸的由来。

钱乙致力于儿科四十余年，留下了很多著作，其中《小儿药证直诀》是中国现存的第一部儿科专著。它第一次系统地总结了儿科的辨证施治法，使儿科自此发展成为一门独立的学科。后人视《小儿药证直诀》为儿科的经典著作，把钱乙尊称为"儿科之圣""幼科之鼻祖"。

第四章　金元明清时期名医

金元四大家

中医发展到金元时期开始有了学派。《四库全书总目·子部·医家类》中说："儒之门户分于宋，医之门户分于金元。"金元时期是宋朝后期，金朝和元朝先后建立政权，这也是中国社会最为动荡的时期之一。

刘完素、张从正、李杲、朱震亨这四位著名医学家就是这一时期中医药的代表性人物，被世人称为金元四大家，同时这四人也代表了四个不同的学派。刘完素认为疾病多因火热而起，在治疗上多运用寒凉药物，因此称之为寒凉派；张从正认为治病应着重驱邪，"邪去而正安"，在治疗方面丰富和发展了汗、吐、下三法，世称"攻邪派"；李杲认为"人以胃气为本"，在治疗上擅长温补脾胃，因而称之为"补土派"；朱震亨认为"阳常有余，阴常不足"，善用滋阴降火的方法，世称"滋阴派"。

刘完素：倡"降火益水"说，后世称为寒凉派

刘完素，字守真，河间（今河北省河间市）人，后人又称其为刘河间。他生活在北宋末年至金朝初期，即宋徽宗宣和二年（1120年）至金章宗承安五年（1200年）之间，是金元四大家中的第一位著名

刘完素画像

医学家。

刘完素所处的宋朝正饱受金兵入侵、战祸连年的侵扰，他在这漫天烽火中受尽颠沛漂泊的痛苦，直到他20多岁时才在河北省河间县的刘家村定居下来，因为童年时家境贫寒，母亲生病没钱医治而去世，所以他决心攻读医学，为贫苦的病人治病。他埋头在医书堆中苦心钻研，35岁时已经是位闻名遐迩的医生了。他认为疾病多因火热而起，倡"六气皆从火化"之说，治疗多用寒凉药，世称"寒凉派"。他提出一套以"降心火，益肾水"为主的治疗火热病的方法，给后世温病学派以很大启示。

张从正：倡"邪去而正安"说，后世称为攻邪派

张从正，字子和，号戴人。他出生于金朝贞元四年（公元1156年），睢州考城县（现河南兰考、民权一带）人。张从正因家乡民权是春秋时期的戴国，故自号"戴人"。

张从正出生于中医世家，他不仅没有拘泥于家传医术，还博采众家之长。他曾做过金宣宗时期的太医，但是没做多久就辞归故里，专门为老百姓治病。张从正将疾病产生的原因归于外界不同邪气的侵袭，强调"邪去而正安"。对于汗、吐、下三法的运用有独到的见解，他扩充了三法的运用范围，形成了以"攻邪"来治病的独特风格，被后

世称为"攻邪派"代表。他的代表作是《儒门事亲》，意思是儒者都能明白事理，照顾亲人就应该了解一些医道。

张从正还精通针灸，同时对治疗心理疾病有一定的经验。

张从正画像

据说有一位姓向的人家请张从正看病，说自己的儿子死后，妻子受到刺激身体越来越差、脾气越来越坏，动不动就摔东西骂人甚至拿刀乱砍，搅得四邻八舍不安宁。张从正听完描述，思索了一会儿，就答应了下来。第一天，张从正骑着一头小毛驴来向家送药，进门后当着向家娘子的面伸手到口袋里取药，但是摸来摸去怎么也找不到，还沾了一手胭脂，急得他抓耳挠腮，胭脂弄了一脸，向家娘子看到张从正的狼狈样不觉扑哧一下笑了出来，这时张从正抱歉地说："不好意思，可能来得匆忙忘记把药放到口袋里了。"第二天，张从正又来送药，这次他一边跟向家娘子打招呼一边从身上拿药，结果跟昨天一样还是没找到，张从正索性把外衣脱下来，没想到里面竟然穿着花花绿绿的女人的衣服，这次向家娘子更乐了，张从正不好意思地说："今天来得也匆忙，没注意把自己妻子的衣服穿来了，明天一定送来。"就这样每次他都没带来药，反而闹了很多笑话，向家娘子逢人就讲张从正的笑话，不知不觉病竟然好了。

李杲：倡"人以胃气为本"说，后世称为补土派

李杲（gǎo）别名李东垣，字明之，生于金世宗大定二十年（1180年），卒于元宪宗元年（1251年）。他家世代居住在真定（今河北省正定），因真定汉初称为东垣国，所以他晚年自号东垣老人。李杲师从张元素，尽得真传而又独有发挥，通过长期的临床实践积累了丰富的经验，李杲提出"内伤脾胃，百病由生"的观点，形成了独具一格的脾胃内伤学说，是我国医学史上著名的金元四大家之一。

李杲画像

李杲出身很好，家里很有钱，据说当时是真定的首富，但是他的性格非常严肃认真，为人持重，洁身自好从不乱开玩笑，没有一点纨绔子弟的浮夸。李杲的老师张元素也是非常有名的医生，关于他还有一段有趣的故事。

据说张元素成名前和金元四大家之一的刘完素住的不远。有一次刘完素生病了，吃了很多药都不见好转，因为自己给自己看病经常不准，这时有人就请来了张元素。刘完素觉得他只是一个普通医生，一时还瞧不起他。当张元素来到刘完素家时，刘完素躺在床上，把脸冲着墙不理他，张元素笑了笑没说什么，就坐在旁边给刘完素诊脉。诊脉过后就问他是不是一开始有某种症状，然后服用了某种药。听完这番话后，刘完素心里微微一惊，便回答道："你说的症状没错，我也

确实服了那些药。"张元素又问这方子里是不是用了某味药，刘完素更吃惊了，因为他的方子里确实有那味药，结果张元素直接指出他用错了药，刘完素听完解释，内心大惊，于是他就按张元素开的药方服药，很快病就好了，从此张元素名扬天下。

李杲拜张元素为师后潜心学习，又加上自身有很好的文学基础，学起来非常快，没几年就学有所成。有一年出现了一种瘟疫，被感染后患者头部肿胀，很多人都得了这种怪病，在此之前大家都没有遇见过这种病，医书上也没有记载，因此就把它称作"大头瘟"。李杲在经过仔细诊断和思考后，开出了一剂药方，取名为"普济消毒引子"，现在被称为"普济消毒饮"，仍然是各大中医学院学生必须学习的一剂药方。这剂药方非常有效，专门用来治疗"大头瘟"，人们争相传抄。后来李杲看到人们一对一地手抄药方非常不方便，于是他就请人把药方刻在石碑上，这样大家都可以到石碑前去抄药方，很快"大头瘟"就被消灭了。

晚年的李杲把毕生所学整理成册，交给自己的徒弟罗天益，希望他能继承自己的遗志，造福普天之下的黎民百姓，后来罗天益也成了一代名医。

朱震亨：倡"阳常有余，阴常不足"说，后世称为滋阴派

朱震亨（1281—1358年），别名朱丹溪，字彦修，元代著名医学家，婺州义乌（今浙江金华义乌）人，因家乡有条美丽的小溪叫作丹溪，后世为了表示对他的尊重称其为"丹溪翁"或"丹溪先生"。朱震亨

朱震亨画像

师从刘完素的再传弟子罗知悌，在对张从正、李杲的学说做过认真的研究之后，最终成为融诸家之长的一代名医。他提倡"阳常有余，阴常不足"之说，被后世称为"滋阴派"的创始人。

朱震亨年轻的时候做过当地的里正，相当于现在的村委会主任或街道主任。他一身侠气，爱打抱不平。30岁时他的母亲得病，于是他苦心钻研《黄帝内经》等古代医书寻求医方，5年后竟然治好了母亲的病。36岁时他跟当时的大儒许谦学习儒学，许谦是朱熹的四传弟子，在当时是很有名气的大学问家。学习儒学的这段经历对朱震亨的影响很大，他也成为许谦的得意门生。但老师许谦因病卧床多年，朱震亨希望治好老师的病，于是在40岁时他决定从医，在4年后拜刘完素的再传弟子罗知悌为师。

此时罗知悌年事已高，不收徒弟，但是朱震亨并没有放弃，每天登门求见，风雨无阻。直到三个月后，罗知悌觉得这个人这么执着，于是决定见一见他，没想到两人一见如故，在很多医学问题的见解上相谈甚欢。就这样，朱震亨以至精至诚的态度打动了罗知悌，罗老先生也将毕生所学悉数传授给了朱震亨，就这样学了一年多，朱震亨的医术突飞猛进。

学有所成后，他拜别恩师返回了家乡。因为朱震亨心中一直记挂着身患顽疾的许谦，当初弃儒从医为的就是有朝一日能治好许老先生的病，现在终于学到了最好的医术，他就想立刻回乡试试。朱震亨回到家乡后，同乡的医生都慕名而来，争相看他治病的药方，但是看过的都摇头苦笑，认为他在外面学到的医术离经叛道、不伦不类。此时他们并不能明白朱震亨医术的精妙，直到朱震亨用这些方法治好了许谦的病之后，从此声名鹊起。四面八方慕名前来求医求学的人络绎不绝，朱震亨总是有求必应，不畏辛苦，终成一代名医。

清代《丹溪心法附余》

伟大的药学家李时珍

李时珍，字东璧，晚年自号濒湖山人，湖北蕲州（今湖北省蕲春县蕲州镇）人，明代著名医药学家。

李时珍出生于明武宗正德十三年（1518年），他的祖父和父亲世代行医，其祖父是草药医生，父亲李言闻也是当时的名医。李时珍家里的后院栽满了各种草药，从出生起他每日就与这些草木为伴，年龄稍大一点便对这些草药有了更多的了解，对它们叫什么名字、开什么花、治什么病等都了如指掌。但由于当时民间医生的社会地位比较

李时珍画像

低，生活也不富裕，父亲李言闻不愿李时珍再学医药，更希望他能够考取功名改换门楣。李时珍天资聪颖，14岁时考中了秀才，这可把父亲高兴坏了，但是因为他自幼热爱医学并不热衷科举，所以从17岁开始先后三次乡试都名落孙山。父亲见他志向并不在做官上也就不再强求，从此李时珍就心无旁骛地投入医学中。

青年李时珍在行医时，经常遇到因为医生开错了药方导致病人死亡的事，因为他对草药比较了解，就有很多病人的家属拿着医生开的方子让李时珍评理。李时珍发现医生按照医书上开的方子并没有错，错的却是医书。因为古代的医书都是手抄本，虽然后来发明了印刷术，但是各种版本之间的药材、药名记录不同，也没有人勘误，所以医书才会出现错误，再加上这些医生没有仔细研究才导致悲剧的发生，这些事也为后来李时珍决定重修本草埋下了一颗种子。

明嘉靖三十年（1551年），李时珍33岁，他因治好了富顺王朱厚焜的儿子的病而声名鹊起，这件事被武昌的楚王知道了，于是就聘请李时珍到他的王府主管医务。过了几年，李时珍又被推荐到太医院工作，当时的太医院中有大量外界罕见的珍贵医书资料和药物标本。李时珍在那里大开眼界，他一头扎进书堆里，夜以继日地研读、摘抄和描绘药物图形，努力汲取着前人提供的医学智慧。在这个过程中，李时珍发现古代本草书里存在不少错误，他想，如果太医院珍藏的医书都有错误的话，那在民间该有多少无辜的病人被误诊呢？于是李时珍就萌发了重新修订历代本草的念头，他多次向太医院的领导提出修订本草类图书的建议，但是每次都不被采纳。李时珍逐渐意识到太医院的工作并不是他毕生的志向，于是当了一年"太医院判"后就辞职回乡，开始自己着手修订本草。

在古代，人们把中药统称为"本草"，后来也指记载中药的书籍。从第一部本草著作《神农本草经》到李时珍所在的明代，已经过了一千多年，每个时期都有各种本草类书籍，李时珍想要对几千年流传下来的本草书籍进行汇总、整理、修订，无疑是一项巨大的工程。而且因为朝代更迭、地理环境的变迁造成了大量药名混杂，已经弄不清药物的形状和生长的情况。有的植物因所在地方不同，名称也不同，常常被误认为是两种，比如天南星和虎掌，它们其实是一种植物。有些原本是不同的植物，因为名字相似被误认为是一种。还有的植物因为书中的描述不清，跟实物对应不上而导致争议。例如植物远志，南北朝著名医药学家陶弘景说它是小草，像麻黄，但颜色青，开白花；宋代马志却认为它像大青，并责备陶弘景根本不认识远志。又如狗脊一药，有的说它像萆（bì）薢（xiè），有的说它像拔葜（qiā），有的又说它像贯众，说法很不一致。

李时珍认识到，药物是如此多种多样，它们的形状、习性和生长情况千差万别。"读万卷书"固然重要，但"行万里路"更不可少。于是，他搜罗百家，又走访四方，深入实际进行调查，他以《证类本草》为蓝本，参考了800多部书籍，其间，他多次外出考察，足迹遍及大江南北，弄清了许多疑难问题。

李时珍把实证精神发挥得淋漓尽致。药书中记载了一种叫"鲮鲤"的动物，也就是现在的穿山甲。陶弘景曾说它能水陆两栖，白天爬到岩石上，张开鳞片装死，引诱蚂蚁进入鳞片里，当爬入的蚂蚁足够多了，它就会把鳞片合上，蚂蚁就被困在里面。这时候穿山甲就游到水里，张开鳞片让蚂蚁浮出来，然后再吞食它们。为了了解陶弘景的说法是否正确，李时珍亲自上山去观察，并在樵夫、猎人的帮助下，捉到了一只穿山甲。他从穿山甲的胃里剖出了一升左右的蚂蚁，证实了穿山甲确实以蚂蚁为食，但是，他发现当穿山甲吃蚂蚁时，是扒开蚁穴用舌头进行舐食，而不是引诱蚂蚁进入鳞片中然后下水吞食的。李时珍肯定了陶弘景对的说法，也纠正了其错误之处，这种实证精神处处体现在《本草纲目》这本巨著中。

清代《本草纲目》

李时珍的《本草纲目》打破了自《神农本草经》以来，沿袭了一千多年的上、中、下三品分类法，他把药物分为水、火、土、金石、草、谷、菜、果、木、器服、虫、鳞、介、禽、兽、人，共16部，总共60类。书中还系统地记述了各种药物的知识，包括校正、释名、集解、正误、修治、气味、主治、发明、附录、附方等，从药物的历史、形态到功能、方剂等叙述详细，丰富了本草学的知识，成为后来医学家的必读书籍。《本草纲目》很快就传到国外，陆续被翻译成多种文字，成为欧洲植物学进步的基础，如今莫斯科大学的廊壁上还刻有李时珍的石像，可见李时珍对世界医学的发展也有着巨大的贡献。

弃武从医张景岳

张景岳画像

张景岳（1563—1640年），本名介宾，字会卿，号景岳，别号通一子，浙江绍兴府山阴（今浙江绍兴）人。张景岳是明代杰出医学家，他不仅是温补学派的代表人物，也是学派的创始者，因善用熟地黄，也被人称为"张熟地"。

张景岳的先祖曾随朱元璋平

定天下，明朝建立后被封为浙江绍兴指挥使，享受千户食禄而且后代世袭爵位，所以张景岳从小就生活在一个家境富裕的武将之家。他的父亲张寿峰是明初大将定西侯蒋贵的门客，会一些医术，张景岳从小就跟在父亲身边研读医书，观看父亲替人治病。

张景岳 13 岁的时候跟随父亲来到北京，拜京城名医金英为师学习医术，当时社会上盛行理学和道家思想，张景岳平时喜欢阅读这方面的书籍，空闲时间就广交好友，思想也逐渐受到影响。由于中国古代的哲学思想与中医药学是一脉相承的，张景岳早年的这些经历对他后来建立自己的医学思想有很大的启发和帮助。不过张景岳并没有直接从医，可能是因为他出生于武将之家，性格中带有军人的豪侠仗义，也有保家卫国的情怀，所以后来毅然参军。但是多年的军旅生涯并没有张景岳当初想象的那样美好，加上自己年龄也大了，亲人也慢慢老去，逐渐让他萌生了解甲归田的想法，在 57 岁时他告别了军队，回到故乡潜心钻研医术。

张景岳的医学思想在整个中医理论发展史中占有重要地位，代表着中医理论新的发展阶段。他以温补为主的思想体系对中医基础理论的进步和完善起到了巨大的推动作用，其主要著作有《类经》《景岳全书》等。《类经》是对《黄帝内经》进行的一次全面、系统的分类编述和注释。他认为《黄帝内经》是医学至高经典，学医者必须学习，但《黄帝内经》"经文奥衍，研阅诚难"，而之前历代注本各有不足。《类经》则是对《黄帝内经》进行较好的整理和注释的一部著作，是学习《黄帝内经》的重要参考书籍。它集前人注家的精要，加上自己的见解，敢于突破前人之说，做到了理论上有创见，注释上有新意，编辑上有特色。

张景岳完成《类经》后，又将自己平生丰富的临证经验和独到的理论做了系统总结，撰写出了《景岳全书》。这本书囊括了理论、本草、成方、临床各科疾病，是一部全面而系统的临床参考书。

清代《景岳全书》

功同良相的王肯堂

王肯堂（1549—1613年），字宇泰，号损庵，自号念西居士，江苏金坛人，明代著名医学家。

王肯堂画像

王肯堂出生在一个官宦之家，而且祖孙三代都是进士。爷爷王皋曾做过知府，后来做了山东按察副使；父亲王樵官至刑部侍郎、右都御史。王肯堂自幼聪明好学，在父亲的安排下，涉猎广泛、博览群书，稍微年长一些，他就对先贤"不为良相，即为良医"的名言奉为圭臬，加上母亲常年生病，于是他就时刻留心医药方术，博览医著药书。

王肯堂还没中举人的时候，有一次他的妹妹得了重病，生命垂危，附近的名医都束手无策。王肯堂根据妹妹的病情和身体状况，用所学的知识医治后，妹妹的病逐渐好转起来。从此王肯堂名震乡里，找他看病的人越来越多。王肯堂的父亲本来就非常反对他从医，认为这会妨碍他以后考取功名，加上每天络绎不绝的人上门求医的状况，让他决定立刻禁止儿子再开堂问诊。于是王肯堂不得不暂停行医，专心读书准备科举考试。万历十七年（1589年），王肯堂考中进士，同年被选为翰林院检讨（从七品官员，掌修国史），后为备员史馆。

1592年爆发了万历朝鲜战争，日本太阁丰臣秀吉率大军入侵朝鲜，兵锋直指大明王朝。此时王肯堂正值盛年，慷慨上疏，力倡积极抗倭，却遭到明政府"浮躁从事"的批评，王肯堂愤而辞官。回到家乡后，他在金坛东禅寺内设堂为百姓治病，并致力于研习医理，整理和撰写医书。王肯堂花了 10 年时间，收集历代医药文献，结合临床经验编著成"六科证治准绳"丛书，后世称为《证治准绳》。

清代《类方证治准绳》

这本书最早记载了色盲症状，书中记载："视白如赤症，谓视物却非本色也。"书中还列出不同类型的色盲患者，比如"或观太阳若冰轮，或睹灯火反粉色，或视粉墙如红如碧，或看黄纸似蓝等"。除此之外还收集记载了 193 种眼科病症，凡是现代用肉眼检查能发现的疾病几乎都罗列无遗。他对许多外科疾病的记载和认识水平也给人留下了深刻的印象，这跟他与利玛窦的交流有一定关系。利玛窦是明朝时期著名的意大利传教士，他的西方科学理念给王肯堂带来了一定的影响。在书中，王肯堂详细记载了气管切开后的吻合术并主张需分层缝合；记录了肿瘤摘除术、甲状腺切除术、骨伤整复手法与手术等，并对这些手术的消毒方法、手术步骤和护理技术进行了十分详细的描述。更令人叹为观止的是王肯堂对眼底出血的记录，在没有眼底镜和任何辅助检查的情况下，他对眼底病的症状和征象进行了详尽的描述，为眼底疾病的诊断治疗做出了很大贡献。

1606年，经吏部侍郎杨时乔荐举，王肯堂再次出山，任南京行人司副（明代掌传旨、册封事宜的从九品官员），后再任福建参政（明代从三品官员）。在此期间，王肯堂把整理中医学文献作为己任，又编印了《古今医统正脉全书》，记录了自《黄帝内经》起到明代止的44种重要医学著作。最终王肯堂因操劳过度，于万历四十一年（1613年）卒于任上。"为官直言进谏，为医济世救人"称赞的就是集明代以前医学之大成、功同良相的名医王肯堂。

清代功同良相牌匾

传染病病因学发现者吴又可

吴有性（1582—1652年），字又可，号淡斋，江苏吴县（今江苏苏州）人，生活在明末清初之际，是中国历史上传染病学研究的开创人。

明朝末年，朝廷腐败，民不聊生，先后发生了多次大范围的瘟疫。崇祯十四年（1641年）河北、山东、江苏、浙江等多地又暴发了一次大规模的瘟疫，四方名医均束手无策，一时间十户九死、哀鸿遍野。

此时的吴又可只是一名年近花甲的普通医生，他看到瘟疫连年肆虐，百姓莫名其妙地得病，而且往往一人得病全家感染，最终无人幸免。吴又可出于医生的本能和多年行医的经验，认为这是一种前所未

吴又可画像

有的怪病。当时的医生们遵循治疗伤寒病的方法医治，不仅没有效果，还造成很多患者病情延误或加重。为了搞清楚这怪病的原因，吴又可冒着生命危险深入疫区，一边诊治一边观察分析。他注意到有些抬尸体的人因为嫌臭而用毛巾遮住口鼻反而很少得病，于是他提出这种病

可能是由一种特殊的"气"导致的，这种"气"主要经口鼻进入患者体内。他强调这种病属温疫，非风非寒、非暑非湿，与伤寒病截然不同，不论从病因、病理到诊断治疗均有区别，必须与伤寒病的治疗方法区分开。他说："牛瘟，羊瘟，鸡瘟，鸭瘟，岂当人疫而已哉……然牛病而羊不病，鸡病而鸭不病，人病而禽兽不病……究其所伤不同，因其气各异也。"通过在疫区的实地观察，他一针见血地指出瘟疫的流行是"空气传染"和"接触传染"。据此，吴又可推论："万物各有宜忌，宜者益而忌者损，损者制也，故万物各有所制。"这个概念，比 1762 年奥地利柏仑息氏的发现早了约 120 年。

他根据自己的临床经验，写出了《温疫论》一书，形成了一套瘟疫的辨证论治方案。当时没有显微镜，人们无法借助仪器观察到导致瘟疫的病毒，吴又可通过丰富的临床经验和独立的思考精神，突破了前人的藩篱，提出了新的传染病病原观点，这几乎触碰到了现代科学的边缘，实在难能可贵，因此吴又可成为了中医传染病学的开拓者。

温病学派宗师叶天士

叶天士（1666—1745 年），名桂，字天士，号香岩，别号南阳先生。江苏吴县（今江苏苏州）人。祖籍安徽歙县，他是清代著名

叶天士画像

医学家，也是"温病四大家"之一。

叶天士祖孙三代都是医生，祖父叶时是当地的名医，父亲叶朝采也精通医术。叶天士自幼跟随家人学医，从小便熟读《黄帝内经》《难经》等古籍，广泛涉猎历代名家经典著作。叶天士最擅长治疗麻疹等传染病，他最早发现了猩红热，在温病学上的成就突出，成为温病学的奠基人之一，其主要著作有《温热论》《临证指南医案》等。

据说叶天士非常聪明，史书上说他"闻言即解"，什么问题一听就明白，不到30岁就成了远近闻名的医生。尚书沈德潜评价叶天士："以是名著朝野，即下至贩夫竖子，远至邻省外服，无不知有叶天士先生，由其实至而名归也。"叶天士不仅智商高，而且非常谦虚好学。他秉承"三人行必有我师"的古训，只要见到医术高超的人，都愿意虚心请教，拜其为师，从12岁到18岁，他先后拜过的老师就有17位。

叶天士虚心拜师学医一事，至今仍留有一则趣闻：

山东有位姓刘的名医擅长针灸，叶天士听说后很想拜其为师，但是苦于没人介绍。一天，那位名医的外甥赵某找叶天士看病。叶天士诊断之后，只开了几服药就将其治愈了，赵某非常感激，同意介绍叶天士拜其舅舅为师。当时的叶天士早已远近闻名，于是他改名换姓，虚心谨慎地向刘大夫求教。一天，有人抬来一位昏迷的孕妇，刘大夫诊脉后拿捏不准，便推辞说不能诊治，一旁的叶天士仔细观察后，推测孕妇是因为转胞才痛得不省人事，于是取针在孕妇脐下刺了一下，并叫人马上抬回家去，后来孕妇到家后顺利产下婴儿。刘大夫很惊奇，追问之下才得知这个徒弟就是大名鼎鼎的叶天士，他对叶天士这种不耻下问的精神很是感动，之后便把自己的针灸秘术倾囊传授给了叶天士。

清朝乾隆后期，又出现了一批研究温病的江南医家，其中的佼佼者有吴鞠通、章虚谷、王孟英等，他们全都是叶天士的私淑弟子。私淑弟子就是指未能亲自受教但因敬仰老师的学识而尊其为师的人，由此可见叶天士的影响之大。

叶天士在世近八十年，临终前告诫他的儿子们"医可为而不可为，必天资敏悟，读万卷书，而后可借术济世。不然，鲜有不杀人者，是以药饵为刀刃也。吾死，子孙慎勿轻言医"。这是一个对自己的言行极端负责的仁者之言，同时也显示出他在医学乃至人生哲理的追求上所达到的极高境界。那些聪明且极具智慧的人，大多是谦虚的人。

中医解剖学代表王清任

王清任（1768—1831 年），又名全任，字勋臣，河北玉田县人，是我国医学史上一位杰出的医学革新家。他注重实践，重视人体解剖，创新了传统中医学中的气血理论，特别是在活血化瘀的治疗方面有独特的贡献，主要著作是《医林改错》。

王清任画像

王清任自幼习武，曾考取过武秀才，性格耿直倔强。他 20 岁时弃武从医，辗转多地后在北京设"知一堂"行医，他治病不拘泥于前人的方法，用药独到且善用黄芪，治愈了不少疑难病症，逐渐成为京城名医。据说曾经有两个病人，一个睡觉的时候必须在胸口压上重物才能睡着，另一个只要胸口有一点东西就睡不着，王清任用一张药方便治好了这两人的病。

清朝嘉庆二年（1797 年），王清任到深县行医时，赶上当地暴发流行病，每天有好多儿童病死，王清任冒着被传染的风险，一连十多天在坟场观察研究尸体结构，对照古书所绘制的"脏腑图"，竟发现了很多错误。嘉庆四年（1799 年），王清任在奉天行医时，听说有囚犯被判处死刑，他马上赶往刑场，观察成人尸体的脏腑结构，为的是求证古书上记载儿童"五脏六腑，成而未全"的说法是否正确，竟发现儿童与成人的脏腑结构基本相同。

王清任这种注重实践的精神为解剖学做出了重要的贡献，他确认了人的体腔是由隔膜分成胸、腹两个部分，而不是古书中所说的三个部分；他指出肺有左右两叶，表面也没有孔，而不是古书记载的"肺六叶两耳"以及"叶中有二十四孔"；他对于胰腺、胆管等脏器的位置、形状等描述已经非常接近现代医学；他论证了思维是由大脑产生的而不是心脏，他指出"两耳通脑，所听之声归于脑……两目系如线，长于脑，所见之物归于脑……鼻通于脑，所闻香臭归于脑……"，意思就是耳朵、眼睛、鼻子等产生的刺激会直接传送到大脑，这种论述已经接近于现代神经学的研究。梁启超评价他是"诚中国医界极大胆革命论者，其人之学术，亦饶有科学的精神"。

外治之宗吴尚先

吴尚先（1806—1886 年），清代医学家。名樽，原名安业，字尚先，又字师机，钱塘（今浙江杭州）人。所著《理瀹骈文》又名《外治医说》是中国医学史上第一部外治专著，他对中医外治法进行了系统的整理和理论探索，提出了外治法可以"统治百病"的论断，被后世誉为"外治之宗"。

吴尚先清心寡欲、淡泊名利，一生从不倾慕荣华富贵反而热衷于医学研究。少年时，他每天清晨到屋后的那两亩菜地里劳作，然后白天在家读书研究医术，那

吴尚先画像

时两亩菜地就是吴尚先一家三代人的收入来源。而立之后，吴尚先医术日臻成熟，他炮制的膏药有很好的疗效。每日清晨，熬药的香味弥漫在他家的小院里，看病的人从四处赶来，络绎不绝，门庭内外熙熙攘攘，像个小集市。患病的人或蹲，或跪，或相搀，就像"待膏之救，迫似水火"一样。后来他的名声逐渐传到了京城，清政府想以厚禄召他到太医院任职，却被他婉言谢绝了。

中医外治的方法很早就出现了，早在《黄帝内经》就记载："桂心渍酒以熨寒痹，白酒和桂以涂风中血脉。"到了清代，《医宗金鉴》中已有了膏药的方剂。吴尚先总结了前人的经验，扩大了治疗范围，提高了应用的灵活性。他认为："外治之理即内治之理，外治之药即内治之药，所异者法耳，医药药理无二，而法则神奇变幻。"根据这一学说，吴尚先形成了以外治为主的治疗方法，比较常用的是薄贴方法，就是在身上贴膏药。他的膏药有许多种，不论内科外科哪种疾病，

都可以用对应的不同的膏药来治疗，比如温热疗法（包括发汗、熨敷、烟熏等）、水疗法（包括水浴、热水熏蒸、冷水疗等）、蜡疗法（用黄蜡加热敷患处）、泥疗法（用净黄泥调水敷）、发泡疗法（用捣碎的蒜泥敷贴，使局部发泡）等。这些方法与现代理学疗法相比并不逊色，同时还有它的独到之处。吴尚先创立的内病外治法是对传统医学的继承和创新，他的贡献，是从理论和实践上对古代外治法进行了系统的总结，并将其应用推广。

　　吴尚先诊病之余还要照料菜地，收成后换来钱，再去购置柴米油盐，生活很是清淡。他为民治病却从不收分文。百姓们送他的匾额，被悬挂在屋院的墙上，黑底金字，熠熠生辉，为的就是赞颂他医术精明、医德高尚的美好品质。

第五章

近代京城四大名医

创办北平国医学院的萧龙友

20 世纪初，北京中医界有四大名医之说，称为"萧孔汪施"。他们分别为擅长治虚劳病的萧龙友、治温热病的孔伯华、治湿温病的汪逢春、治心脏病及其他内科杂病的施今墨。

萧龙友（1870—1960 年），名方骏，字龙友，别号息翁，新中国成立后改为不息翁，四川三台人，他是近代著名医学家，京城四大名医之一。

萧龙友年轻时以读经书为主业，因家中开有药铺，故时常留心医方。

萧龙友

1892 年，萧龙友的家乡遭受瘟疫，每天都要死上千人，萧龙友于心不忍，与另一位中医一起救治了很多患者。从那以后，萧龙友就潜心向医，并很快取得了行医资格。

萧龙友来到京城后，上至高官巨富，下至贫苦百姓，大家口口相传，凡是有疑难病症必来请他诊治，其中就包括袁世凯、孙中山、梁启超、吴佩孚等人。

1916 年，原本身体健康的袁世凯突然发病，萧龙友被请到府中。他诊脉后，开了一个药方，并且在另一张纸上写下诊言："得病之时，口渴胸闷，小便频频，身体日渐羸弱，针药罔效。"明确指出任何医疗手段都不可能有效，开的方子只是延缓病痛而已。但袁世凯的家属并不甘心，想尽各种办法，结果当年 6 月 6 日，袁世凯还是不治而亡。

1924 年孙中山带病入京，很多名医都难以确诊，萧龙友看过后，认定病根在肝部，非汤药可解，因此没有开方。后来孙中山离世后，医生为他做了尸检，果然确认是肝癌。

1929 年，萧龙友与孔伯华共同创办了北平国医学院，培养了大批中医人才，对我国中医学的发展起到了承前启后的作用。新中国成立后，萧龙友虽年已八旬，仍念念不忘中医事业。1954 年 9 月，萧龙友在第一届全国人民代表大会上发言时，提出设立中医学院、培养中医人才的建议。1956 年，国家采纳了他的建议，在北京、上海、广州、成都四个地方成立了四所中医学院。

萧龙友毕生研究中医学，积累了 60 年的经验，著有《现代医案选》《整理中国医学意见书》等书。新中国成立后，还曾担任中央文史研究馆馆员。1960 年萧龙友病逝，享年 90 岁。

鞠躬尽瘁的儒医孔伯华

孔伯华（1884—1955年），原名繁棣，山东曲阜人，孔子第七十四代孙，京城四大名医之一。幼年时孔伯华的母亲体弱多病，因此他立志学医。16岁时，孔伯华移居河北易州行医，与当地名医狄虎堂等人经常交流医学问题，25岁时在北京外城官医院任职，与当时名医张菊人、陈伯雅等人共事，切磋学问。

孔伯华

1917—1918年，华北地区暴发了很严重的鼠疫，孔伯华和另外几位中医大夫夜以继日研究医疗方案，挽救了很多人的生命。后来，河北廊坊地区又暴发了霍乱，孔伯华坚持防疫，他每天都深入村庄，治愈了大量病患，控制了疫情的发展。

1929年，时任国民党政府行政院长的汪精卫意欲取缔中医，激起全国中医界极大的公愤。孔伯华联络中医学界人士，在京师创办了医药学会奔走呼吁，全国各地纷纷推出代表进行抗议，并成立了"全国医药团体联合会"，孔伯华被"全国医药团体联合会"推举为临时主席，率团赴南京请愿，迫使国民政府收回"取缔中医"的命令。

同年，孔伯华和萧龙友一起，共同创办了中国第一所医学高等学校——北平国医学院，培养了大批中医药人才。在中医生死存亡的关头，他们肩负起了继承和发展中医的重任。

孔伯华医术高超，医德也闻名于世。他在京城坐诊，每天头 10 个号都是免费的。不仅如此，他还为穷苦百姓提供免费的粥食，很多穷人对他感激不尽。

新中国成立后，孔伯华成为卫生部顾问，并担任毛主席的保健医生。1955 年 3 月 10 日，他在出诊过程中身体突然感到不适，但仍勉力为 6 位病人诊治，随后才回家休息，不料从此一病不起，于 1955 年年底逝世，享年 71 岁。他去世后，周恩来总理亲往寓所吊唁，并担任治丧委员会主任。

医术高超治学严谨的汪逢春

汪逢春（1884—1949 年），名朝甲，号凤椿，江苏苏州人，受业于吴中名医艾步蟾老先生。汪逢春壮年来京，悬壶京都五十年，名噪古都，成为京城四大名医之一。他的主要著作有《中医病理学》《泊庐医案》等。

汪逢春治病重在辨证施治，尊古师古但又不拘泥于古法。汪逢春擅长治疗时令病、胃肠病及妇科病，对于湿温病也多有阐发。在治疗内伤症方面，他着重调理脾胃；在治疗外感疾病时，着重从表及里，让邪气外出而不内传；在用药方面，他常将药末装入胶囊中让人吞服，用药少而精，收效大而快。

汪逢春不仅治病严谨，对教学也十分严格。他注重培养人才，提倡在职教育。1942 年创办了国药会馆讲习班，讲习班虽

汪逢春

然是短期培训性质，但请的老师都是有真才实学的前辈，如霍文楼、杨叔澄都是主讲教师。汪逢春通过自己的实际行动为中医药界培养人才，近代名医郭士魁就是当时的学员。

汪逢春对学生要求非常严，对于已考取行医执照但还觉得不放心的学生，他仍不许其挂牌执业，需要再观察一段时间，并叮嘱其小心从事，遇有疑难问题多向别人请教，千万不可粗心大意。他还定期指导学生讨论病例，不分中西医。在西河沿行医时，每月初一、十五则停诊讨论病例。一旦遇到疑难杂症，也会邀请著名西医一起讨论研究，让学生们旁听记录。汪逢春很能接受新事物，他常说不能抱残守缺，不可孤陋寡闻。

汪逢春还注重医德，对于同行不贬低、不攻击。遇到其他医生治不好的病人，他也想方设法积极扭转病势，一旦无望也不抱怨，不找借口推卸责任。他常说："如怨天尤人，自我吹嘘，等于自我报复，

结果必将一败涂地。"

　　行医多年，汪逢春积累下无数验方，学生们曾建议他整理医案，但他为人低调，总推说以后再议，后来学生再三建言，他才答应下来。1941年，汪逢春写完医案，因他的书斋号为"泊庐"，最后定名《泊庐医案》。他不想宣传自己，由学生们写了书的前言，并在首页印制了18个学生的名字。

提倡中西结合并捐献遗体的施今墨

　　施今墨（1881—1969年），原名毓黔，字奖生，祖籍浙江省杭州市萧山区，是中国近代中医临床家、教育家、改革家、京城四大名医之一。

施今墨

　　施今墨年轻时主要是学习经史，辛亥革命后，因看不惯军阀间的尔虞我诈和争权夺利，于是弃政从医。从医以后，施今墨医术越来越精湛，治愈过许多疑难重症。他曾经赴陕西为杨虎城将军治病，药到病除，传为佳话。何香凝、溥仪、载涛、李宗仁、郭德洁等名人也都多次请他看病。他与萧龙友、孔伯华等名医创办北平国医学院，任副院长。

施今墨毕生致力于中医事业的发展，提倡中西医结合，创制了许多新药，贡献出 700 多个验方。他为人严谨、谦恭，授徒严格、认真，并尊重西医，善于接纳新知识，为中医事业的发展和人才培养做出了不可磨灭的贡献。1935 年，国民政府颁布中医条例，规定对所有中医实行考核立案。孔伯华、萧龙友、施今墨、汪逢春作为主考官，负责命题与阅卷，从此有了"京城四大名医"之称。

京城四大名医不仅因其妙手回春的医术成为政界名流的座上客，更因其普救含灵的仁心成为贫苦患者的救命人。以孔伯华、萧龙友、施今墨、汪逢春为代表的近代中医界人士，他们无不体现了中医悬壶济世的大医精神。

1969 年，施今墨病重，他还立下遗嘱，死后将遗体解剖用以医学研究，由此，他也成为中国医学史上第一位自愿将遗体奉献给医学事业的中医。